Un libro de Las Raíces de Crabtree

BOMBERO

DOUGLAS BENDER

Traducción de Pablo de la Vega

La gente que conozco

CRABTREE
Publishing Company
www.crabtreebooks.com

Apoyos de la escuela a los hogares para cuidadores y maestros

Este libro ayuda a los niños en su desarrollo al permitirles practicar la lectura. Abajo están algunas preguntas guía para ayudar al lector a fortalecer sus habilidades de comprensión. En rojo hay algunas opciones de respuesta.

Antes de leer:

- ¿De qué pienso que trata este libro?
  - *Este libro es sobre los bomberos.*
  - *Este libro es sobre lo que hacen los bomberos en su trabajo.*
- ¿Qué quiero aprender sobre este tema?
  - *Quiero aprender cómo se ve un bombero.*
  - *Quiero aprender qué hace un bombero.*

Durante la lectura:

- Me pregunto por qué...
  - *Me pregunto por qué algunas personas deciden trabajar como bomberos.*
  - *Me pregunto por qué los bomberos usan cascos.*
- ¿Qué he aprendido hasta ahora?
  - *Aprendí que los bomberos ayudan a la gente y apagan incendios.*
  - *Aprendí que los bomberos viajan en camiones de bomberos.*

Después de leer:

- ¿Qué detalles aprendí de este tema?
  - *Aprendí que los bomberos usan un casco para protegerse.*
  - *Aprendí que los bomberos usan mangueras para apagar los incendios.*
- Lee el libro una vez más y busca las palabras del vocabulario.
  - *Veo las palabras* ***camión de bomberos*** *en la página 6 y la palabra* ***cascos*** *en la página 10. Las demás palabras del vocabulario están en la página 14.*

Ella es una **bombera**.

Los bomberos ayudan a la gente.

Estos bomberos están en un **camión de bomberos**.

www.nyc.gov/fdny
N.Y.
SCOTT

Este bombero tiene una **manguera**.

Todos los bomberos usan **cascos**.

¿Conoces a algún bombero?

Lista de palabras

Palabras de uso común

a
ella
en
es
están
este
estos
la
los
un
una

Palabras para conocer

bombera

camión de bomberos

cascos

manguera

32 palabras

Ella es una **bombera**.

Los bomberos ayudan a la gente.

Estos bomberos están en un **camión de bomberos**.

Este bombero tiene una **manguera**.

Todos los bomberos usan **cascos**.

¿Conoces a algún bombero?

Written by: Douglas Bender
Designed by: Rhea Wallace
Series Development: James Earley
Proofreader: Ellen Rodger
Educational Consultant:
Marie Lemke M.Ed.
Translation to Spanish:
Pablo de la Vega
Spanish-language lay-out and
proofread: Base Tres
Print and production coordinator:
Katherine Berti

La gente que conozco

BOMBERO

Photographs:
Shutterstock: Sergey Mironov: cover, p. 3, 14; Monkey Business Images: p. 1; Gorodenkeff: p. 5; Victor Moussa: p. 7, 14; Toa55: p. 8-9, 14; VAKS: p. 11, 14; Tyler Olson: p. 13

Library and Archives Canada Cataloguing in Publication

Title: Bombero / Douglas Bender.
Other titles: Firefighter. Spanish
Names: Bender, Douglas, 1992- author. | Vega, Pablo de la, translator.
Description: Series statement: La gente que conozco | Translation of: Firefighter. | Translation to Spanish: Pablo de la Vega. | "Un libro de las raíces de Crabtree". | Text in Spanish.
Identifiers: Canadiana (print) 20210210257 |
Canadiana (ebook) 20210210265 |
ISBN 9781427141446 (hardcover) |
ISBN 9781427141507 (softcover) |
ISBN 9781427141323 (HTML) |
ISBN 9781427141385 (EPUB) |
ISBN 9781427141569 (read-along ebook)
Subjects: LCSH: Fire fighters—Juvenile literature.
Classification: LCC HD8039.F5 B4618 2022 | DDC j363.37/8—dc23

Library of Congress Cataloging-in-Publication Data

Available at the Library of Congress

Crabtree Publishing Company

www.crabtreebooks.com 1-800-387-7650

Printed in the U.S.A./062021/CG20210401

 In Canada: We acknowledge the financial support of the Government of Canada through the Canada Book Fund for our publishing activities.

Published in the United States
Crabtree Publishing
347 Fifth Avenue, Suite 1402-145
New York, NY, 10016

Published in Canada
Crabtree Publishing
616 Welland Ave.
St. Catharines, Ontario L2M 5V6